Contents

GW00367992

Publishers Information

Editing: Dr R Hughes, general practitioner
                        Dr K Jan-Mohamed, general practitioner
                        P G Buckley, editor

Illustrations: John Whatmore

First edition: *July 1999*

UK Publishers: RTFB Publishing Limited,
                        Building 2, Shamrock Quay,
                        Southampton SO14 5QL

For further information: Telephone: (023) 8022 9041
                        Fax: (023) 8022 7274
                        Email: info@whatshouldido.com

ISBN 1-902983-02-5

©RTFB Publishing Limited, 1999

 An Mpower publication

Seeking a Doctor or Medical Assistance

English	Spanish	Pronounced like this
Does anyone here speak English?	**¿Hay aquí alguien que hable inglés?**	Ahee akee algen keh ableh inglez
Where's there a doctor who speaks English?	**¿Dónde hay un médico que hable inglés?**	Dondeh ahee oon mediko keh ableh inglez
Can I see a doctor, please?	**¿Puedo ver a un médico, por favor?**	Pwehdoh behr ah oon mediko porr faborr
Can you get me a doctor?	**¿Puede llamar a un médico?**	Pwehdeh lyamahr ah oon mediko
Please telephone a doctor immediately	**Telefonee inmediatamente a un médico, por favor**	Telehfoneheh inmediatamenteh a oon mediko porr faborr
Is there a doctor here?	**¿Hay aquí algún médico?**	Ahee akee algoon mediko
Where's the surgery/ pharmacy?	**¿Dónde está el consultorio/ la farmacia**	Dondeh estah el consooltorioh/ lah fahrmathee-ah
What are the surgery hours?	**¿Cuáles son las horas de consulta?**	Kwahles son lass orass deh consooltah
Could the doctor come to see me here?	**¿Podría venir a verme aquí el médico?**	Podreeah beneer ah behrmeh akee el mediko
Can I make an (urgent) appointment to see a doctor?	**Puedo hacer una consulta (urgente) con el médico?**	Pwehdoh athehr oona consooltah (oorhenteh) con el mediko
Can't you possibly make it earlier than that?	**¿No podría ser antes que eso?**	No podreeah sehr antez keh essoh
What time can the doctor come?	**¿A qué hora puede venir el médico?**	Ah keh orah pwedeh beneer el mediko

Describing the Illness/Symptoms

English	Spanish	Pronounced like this
I'm ill	**Estoy enfermo**	Estoy enfehrmoh
I do not feel well	**No me encuentro bien**	Noh me enkwentroh bee-en
I have a pain in....	**Me duele el/la.....**	Meh dweleh ell/lah...
I've got a pain here	**Me duele aquì**	Meh dweleh akee
Could you have a look at it?	**¿Podrìa examinarlo?**	Podreeah examinahrlo?
His/her...hurts	**Le duele el/la....**	Leh dweleh ell/lah
It hurts all the time	**El dolor es constante**	Ell dolorr es constanteh
It only hurts now and then	**Sólo duele de vez en cuando**	Sohloh dweleh deh veth en kwandoh
It hurts when you touch it	**Duele al tocarlo**	Dweleh al tokahrlo
It hurts more at night	**Duele sobre todo por la noche**	Dweleh sobreh todoh porr lah nocheh
It hurts here	**Me duele aquì**	Meh dweleh akee
It is a dull pain	**Es un dolor sordo**	Ess oon dolorr sorrdoh
It is a sharp pain	**Es un dolor agudo**	Ess oon dolorr agoodoh
I feel faint	**Me voy a desmayar**	Meh boy ah dezmaheeahr
I feel sick	**Parece que voy a vomitar**	Parehtheh ke boy ah bomitahr
I feel dizzy	**Me siento mareado**	Meh see-entoh marehahdoh
I feel nauseous	**Siento náuseas**	See-entoh nahoozehass
I feel shivery	**Siento escalofrìos**	See-entoh eskalohfreeoss

Describing the Illness/Symptoms

English	Spanish	Pronounced like this
I've been vomiting	**He tenido vómitos**	Eh teneedoh bomitoss
I'm constipated	**Estoy estre ido**	Estoy estrenyeedoh
I've got a headache	**Tengo dolor de cabeza**	Tengoh dolorr deh kabethah
I've got a backache	**Tengo dolor de espalda**	Tengoh dolorr deh espaldah
I've got a fever	**Tengo fiebre**	Tengoh fee-ebreh
I've got a sore throat	**Tengo dolor de garganta**	Tengoh dolorr deh gargantah
I've got travel sickness	**Tengo mareo**	Tengoh marehoh
I've got....degrees fever	**Tengo....grados de fiebre**	Tengoh....grahdoss de fee-ebreh
I have/He's/She's got an abscess	**Tengo/tiene un abceso**	Tengoh/tee-eneh oon abthessoh
I have/He's/She's got asthma	**Tengo/tiene asma**	Tengoh/tee-eneh assmah
I have/He's/She's got a boil	**Tengo/tiene un forúnculo**	Tengoh/tee-eneh oon foroonkooloh
I have/He's/She's got a chill	**Tengo/tiene un enfriamiento**	Tengoh/tee-eneh oon enfreeahmee-entoh
I have/He's/She's got a cold	**Tengo/tiene un resfriado**	Tengoh/tee-eneh oon rezfree-ahdoh
I have/He's/She's got convulsions	**Tengo/tiene convulsiones**	Tengoh/tee-eneh convool see-ohnez
I have/He's/She's got cramps	**Tengo/tiene calambres**	Tengoh/tee-eneh kalambrehz
I have/He's/She's got diarrhoea	**Tengo/tiene diarrea**	Tengoh/tee-eneh dee ah rreah
I have/He's/She's got a fever	**Tengo/tiene fiebre**	Tengoh/tee-eneh fee-ebreh

Describing the Illness/Symptoms

English	Spanish	Pronounced like this
I have/He's/She's got haemorrhoids	**Tengo/tiene hemorroides**	Tengoh/tee-eneh ehmohrroydez
I have/He's/She's got hay fever	**Tengo/tiene fiebre del heno**	Tengoh/tee-eneh fee-ebre del enoh
I have/He's/She's got a hernia	**Tengo/tiene una hernia**	Tengoh/tee-eneh oona errneeah
I have/He's/She's got indigestion	**Tengo/tiene indigestión**	Tengoh/tee-eneh indee hesstee on
I have/He's/She's got an inflammation of....	**Tengo/tiene una inflamación de....**	Tengoh/tee-eneh oona inflamathee on deh....
I have/He's/She's got influenza	**Tengo/tiene gripe**	Tengoh/tee-eneh greepeh
I have/She's got morning sickness	**Tengo/tiene náuseas**	Tengoh/tee-eneh nah'oozehass
I have/He's/She's got rheumatism	**Tengo/tiene reumatismo**	Tengoh/tee-eneh rehoomatizmoh
I have/He's/She's got a stiff neck	**Tengo/tiene torticolis**	Tengoh/tee-eneh tort-icoliss
I have/He's/She's got sunburn	**Tengo/tiene quemaduras de sol**	Tengoh/tee-eneh kemahdoorass deh soll
I have/He's/She's got sunstroke	**Tengo/tiene insolación**	Tengoh/tee-eneh insolathee-on
I have/He's/She's got tonsillitis	**Tengo/tiene amigdalitis**	Tengoh/tee-eneh amigdaleetiss
I have/He's/She's got an ulcer	**Tengo/tiene una úlcera**	Tengoh/tee-eneh oona oo-lthehrah
I've got a blister	**Tengo una ampolla**	Tengoh oona ampolyah
I've got a boil	**Tengo un forúnculo**	Tengoh oon foroonkooloh
I've got a bruise	**Tengo una contusión**	Tengoh oona contoo see-on

Describing the Illness/Symptoms

English	Spanish	Pronounced like this
I've got a burn	**Tengo una quemadura**	Tengoh oona kehmahdoorah
I've got a cut	**Tengo una cortadura**	Tengoh oona korrtadoorah
I've got a graze	**Tengo una rozadura**	Tengoh oona rothahdoorah
I've got an insect bite	**Tengo una picadura de insecto**	Tengoh oona pikadoorah deh insektoh
I've got a lump	**Tengo un bulto**	Tengoh oon booltoh
I've got a rash	**Tengo una erupción**	Tengoh oona ehrooptheeon
I've got a sting	**Tengo una picadura**	Tengoh oona pikahdoorah
I've got a swelling	**Tengo una hinchazón**	Tengoh oona inchathon
I've got a wound	**Tengo una herida**	Tengoh oona ereedah
It hurts	**Me hace daño**	Meh atheh danyoh
I can't move my....	**No puedo mover mi....**	Noh pwehdoh mobehr mee....
I'm in a nervous state	**Estoy muy nervioso/a**	Estoy moo-ee nehrveeohsoh/ah
I'm feeling depressed	**Me siento deprimido/a**	Meh see-entoh depreemeedoh/ah
I want some sleeping pills	**Desearìa un somnìfero**	Desehahree-ah oon somni-fehroh
I am on a special diet	**Sigo un râgimen especial**	Seego oon reh-hee-men espetheal
I can't eat/can't sleep	**No puedo comer/no puedo dormir**	Noh pwehdoh comehr/noh pwehdoh dormeer
I'm having nightmares	**Tengo pesadillas**	Tengoh pesahdeelyas

Useful Phrases

English	Spanish	Pronounced like this
Can you prescribe a sedative?	**¿Puede recetarme un sedante?**	Pwedeh rehthetahrmeh oon sedanteh
Can you prescribe a tranquiliser?	**¿Puede recetarme un calmante?**	Pwedeh rehthetarmeh oon kalmanteh
Can you prescribe an anti-depressant?	**Puede recetarme un antidepresivo?**	Pwedeh rehthetarmeh oon anteedehpresseeboh
It's nothing serious I hope.	**Espero que no sea grave**	Esperoh keh noh sehah grahbeh
Is it contagious?	**¿Es contagioso?**	Ess conta-hee-ohsoh
I'd like you to prescribe some medicine for me	**¿Podrìa recetarme algunos medicamentos?**	Podreeah rehthetahrmeh algoonoss medicahmentoss
I've a heart condition	**Soy cardìaco**	Soy carrdeeahkoh
I had a heart attack in....	**Tuve un ataque cardìaco en....**	Toobeh oon attakeh carrdeeahkoh en....
I'm allergic to....	**Soy alérgico a....**	Soy alehr-heekoh ah....
Can I travel?	**¿Puedo viajar?**	Pwedoh beeah-hahr
This is my doctor's details	**Estos son los detalles de mi médico**	Estoss son loss detalyez deh mee mediko
Here is my UK medical card	**Esta es mi tarjeta médica del Reino Unido**	Estah es mee tarhettah medikah del reh-eenoh ooneedoh
Can you call an ambulance?	**¿Puede llamar una ambulancia?**	Pwehdeh lyamahr oona amboolantheeah

Useful Phrases

English	Spanish	Pronounced like this

Important Personal Statements

English	Spanish	Pronounced like this
I am allergic to penicillin	**Soy alérgico a la penicilina**	Soy alerheekoh ah lah peneetheeleenah
I am a haemophiliac	**Soy hemofílico**	Soy emohfeelikoh
I am HIV positive	**Soy VIH positivo**	Soy "oobeh ee acheh" pozeeteeboh
I have got AIDs	**Tengo el SIDA**	Tengoh el "Seedah"

Medical Equipment

English	Spanish	Pronounced like this
I have my own medical equipment	**Tengo un equipo médico propio**	Tengoh oon ekeepoh medeekoh propeeoh
I have my own hypodermic syringe	**Tengo una jeringa hipodérmica propia**	Tengoh oona herìngah hipohdehrmeekah propeeah
I have my own needles sutures	**Tengo agujas de sutura propias**	Tengoh agoohass deh sootoorah propeeass

Diabetes

English	Spanish	Pronounced like this
I am diabetic but I am not insulin dependent	**Soy diabético pero no soy dependiente de insulina**	Soy dee-abeteekoh peroh noh soy dependee-enteh deh insooleenah
I am a diabetic and I require insulin	**Soy diabético y necesito insulina**	Soy dee-abeteekoh ee netheseetoh insooleenah
Does this contain sugar?	**¿Contiene esto azúcar?**	Contee-eneh estoh athookarr
I have/he has/she has diabetes	**Tengo/tiene/tiene diabetes**	Tengoh/tee-en eh/tee-en eh deeah bet ez

Useful Phrases

English	Spanish	Pronounced like this
I am/he is/she is having a 'hypo'/ hypoglycaemic episode	**Estoy/está/está sufriendo un ataque 'hipo'/hipoglicémico**	Estoi/estah/estah soofree-endoh oon attack-eh "eepoh"/eepoh-glee-theh-mickoh

Women's Health

English	Spanish	Pronounced like this
I'm expecting a baby	**Espero un bebé**	Esperoh oon beh-beh
I had my last period.... days ago	**Tuve mi última regla hace....dìas**	Toobeh mee oolteemah reglah atheh.... deeass
My period is due in.... days	**Mi próxima regla será dentro de....dìas**	Mee proxeemah reglah sehrah dentroh deh....deeass
Have you any sanitary towels?	**¿Tiene toallas sanitarias?**	Tee-eneh toh-alyass sanitariass

What the Doctor May Say

Spanish	English
¿Qué tiene usted?	What's the trouble?
¿Dónde le duele?	Where does it hurt?
¿Desde cuándo le duele?	How long have you had this pain?
¿Desde cuándo se siente asì?	How long have you been feeling like this?
Voy a tomarle la temperatura /tensión	I'll take your temperature/blood pressure
Súbase la manga, por favor	Roll up your sleeve, please
Respire profundamente	Breathe deeply
Respire normalmente	Breathe normally
Tosa, por favor	Cough, please
Abra la boca	Open your mouth
Diga aaa....	Say aaah
Desvìstase (hasta la cintura), por favor	Please undress (to the waist)
Quìtese los pantalones y ropa interior, por favor	Please remove your trousers and underwear
Tiéndase ahì, por favor	Please lie down over there
Tengo que hacerle una toma de sangre	I'd like to take a blood sample
Desearìa una muestra de su orina (deposiciones)	I want a specimen of your urine (stools)
Tendré que hacerle un examen sanguìneo	I will have to give you a blood test
¿Es esta la primera vez que ha sufrido esto?	Is this the first time you have had this?
Le voy a poner una inyección	I'll give you an injection
No hace falta inquietarse	It's nothing to worry about

What the Doctor May Say

Spanish	English
Deberá guardar cama durante ....dìas	You must stay in bed for.... days
Deberá reposar durante....dìas	You must stay off your feet for ....days
Tiene usted un resfriado	You've got a cold
Tiene usted gripe	You've got flu
Tiene usted intoxicación alimenticia	You've got food poisoning
Es usted alérgico	You've got an allergy
Tiene usted una inflamación de....	You've got an inflammation of....
Tiene usted apendicitis	You've got appendicitis
Quiero que vaya al hospital para un chequeo general	I want you to go to hospital for a general check-up
Le recetaré un antibiótico	I'll prescribe an antibiotic
¿Qué tratamiento sigue?	What treatment have you been having?
¿Qué medicamento toma?	What medicine have you been taking?
¿Puedo ver qué medicamentos toma?	Can I see which medicines you are taking?
Ha tenido usted un (ligero) ataque cardìaco	You have had a (slight) heart attack
....no existe en este paìs, pero esto es equivalente	We don't use....in this country but this is very similar
¿Cuándo espera dar a luz?	When is the baby due?
No podrá viajar hasta....	You can't travel until....
¿Cuándo tuvo la última regla?	When was your last period?

What the Doctor May Say

Spanish	English
Está (no está) infectado	It is (not) infected
Tiene usted un disco desplazado	You have a slipped disc
Es preciso hacerle un examen radiográfico	I want you to have an X-ray
Está fracturado	It's broken
Está torcido	It's sprained
Está dislocado	It's dislocated
Está desgarrado	It's torn
Está usted vacunado contra el tétano?	Have you been vaccinated against tetanus?
Le daré un antiséptico	I'll give you an antiseptic
No es grave	It's not serious
Venga a verme otra vez dentro de ....dias	I want you to come and see me in....days' time
Debe consultar a su médico cuando vuelva a casa	I want you to see your doctor when you return home
Padece usted de hipertensión	You're suffering from nervous tension
Necesita reposo	You need a rest
¿Sigue usted algún régimen especial?	Are you on a special diet?

What the Doctor May Say

Spanish	English
Diabetes	
¿Qué dosis de insulina está tomando?	What dose of insulin are you taking?
¿En forma de inyección o por vìa oral?	Injection or oral?
Questions about medication	
¿Qué comprimidos ha tomado hasta el presente?	What pills have you been taking?
¿Cuántos al dìa?	How many a day?
¿Desde cuándo se encuentra asì?	How long have you been feeling like this?
Le voy a recetar unas pìldoras	I'll prescribe some pills
Le daré un sedativo	I'll give you a sedative
Esto le ayudará hasta que vuelva a casa	This will see you through until you return home
Tome....cucharaditas de café de este medicamento cada....horas	Take....teaspoons of this medicine every....hours
Tome....pìldoras con un vaso de agua	Take....pills with a glass of water
....veces al dìa	....times a day
antes de cada comida	before each meal
después de cada comida por las ma anas	after each meal in the mornings
de noche	at night

Parts of the Body

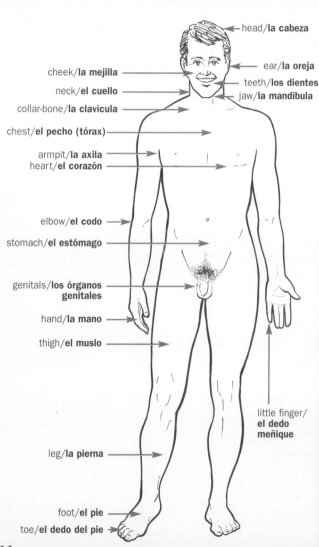

head/**la cabeza**

ear/**la oreja**

cheek/**la mejilla**

teeth/**los dientes**

neck/**el cuello**

jaw/**la mandíbula**

collar-bone/**la clavícula**

chest/**el pecho (tórax)**

armpit/**la axila**

heart/**el corazón**

elbow/**el codo**

stomach/**el estómago**

genitals/**los órganos genitales**

hand/**la mano**

thigh/**el muslo**

little finger/ **el dedo meñique**

leg/**la pierna**

foot/**el pie**

toe/**el dedo del pie**

Parts of the Body

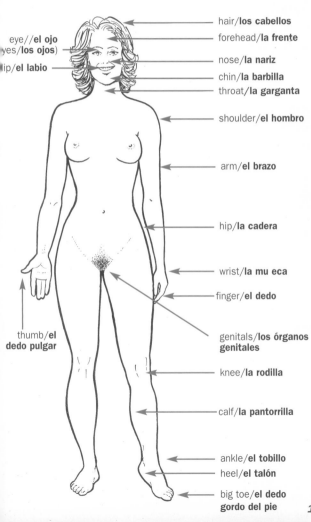

hair/**los cabellos**

forehead/**la frente**

eye//**el ojo**
(eyes/**los ojos**)

nose/**la nariz**

lip/**el labio**

chin/**la barbilla**

throat/**la garganta**

shoulder/**el hombro**

arm/**el brazo**

hip/**la cadera**

wrist/**la muñeca**

finger/**el dedo**

thumb/**el dedo pulgar**

genitals/**los órganos genitales**

knee/**la rodilla**

calf/**la pantorrilla**

ankle/**el tobillo**

heel/**el talón**

big toe/**el dedo gordo del pie**

Parts of the Body

English	Spanish	Pronounced like this
ankle	**el tobillo**	(ell tobillyoh)
appendix	**el apéndice**	(ap-endeeth-eh)
arm	**el brazo**	(ell brathoh)
armpit	**la axila**	(lah axillah)
artery	**la arteria**	(lah artehreeah)
back	**la espalda**	(lah espaldah)
bladder	**la vejiga**	(lah beheegah)
blood	**la sangre**	(lah sangreh)
big toe	**el dedo gordo del pie**	(ell dedoh gordoh del pee-eh)
bone	**el hueso**	(ell oo-essoh)
bowels	**los intestinos**	(loss intesteenoss)
breast	**el seno**	(ell senoh)
calf	**la pantorrilla**	(lah pantorrill-yah)
cheek	**la mejilla**	(lah meh-hill-yah)
chest	**el pecho (tórax)**	(ell pechoh (torax))
chin	**la barbilla (el mentón)**	(lah bharbill-yah (ell menton))
collar-bone	**la clavìcula**	(lah klabeekoolah)
ear	**la oreja**	(lah oreh-hah)
elbow	**el codo**	(ell kohdoh)
eye	**el ojo**	(ell o-hoh)
eyelid	**el párpado**	(ell pahrpahdoh)
eyes	**los ojos**	(loss o-hoss)
face	**el rostro**	(ell rosstroh)
finger	**el dedo**	(ell dedoh)
foot	**el pie**	(ell pee-eh)

Parts of the Body

English	Spanish	Pronounced like this
forehead	**la frente**	(lah frenteh)
genitals	**los órganos genitales**	(loss orgahnoss heneetahlez)
gland	**la glándula**	(lah glandoolah)
groin	**la ingle**	(lah ingleh)
gum	**la encia**	(lah entheea)
hair	**los cabellos**	(loss kabell-oss)
hand	**la mano**	(lah manoh)
head	**la cabeza**	(lah kabethah)
heart	**el corazón**	(ell korathon)
heel	**el talón**	(ell talon)
hip	**la cadera**	(lah kadehrah)
intestines	**los intestinos**	(loss intesteenoss)
jaw	**la mandíbula**	(lah mandeeboolah)
joint	**la articulación**	(lah artikoolatheeon)
kidney	**el riñón**	(ell rin-yon)
knee	**la rodilla**	(lah rohdeel-yah)
knee cap	**la rótula**	(lah ro-toolah)
leg	**la pierna**	(lah pee-ehrna)
lip	**el labio**	(ell labyoh)
little finger	**el dedo meñique**	(ell dedoh men-yeekeh)
liver	**el higado**	(ell igahdoh)
lung	**el pulmón**	(ell poolmon)
mouth	**la boca**	(lah bockah)
muscle	**el músculo**	(ell mooskooloh)
neck	**el cuello**	(ell kwell-yoh)

Parts of the Body

English	Spanish	Pronounced like this
nerve	**el nervio**	(ell nehrbee-oh)
nervous system	**el sistema nervioso**	(ell sistehmah nehrbee-oh-soh)
nose	**la nariz**	(lah nareeth)
rib	**la costilla**	(lah kosteel-yah)
scalp	**el cuero cabelludo**	(ell kwehroh kabell-yoodoh)
shoulder	**el hombro**	(ell ombroh)
skin	**la piel**	(lah pee-ell)
spine	**la espina dorsal**	(la espeenah dorsall)
stomach	**el estómago**	(ell estohmagoh)
teeth	**los dientes**	(loss dee-entez)
tendon	**el tendón**	(ell tendon)
thigh	**el muslo**	(ell moozloh)
throat	**la garganta**	(lah gahrgantah)
thumb	**el dedo pulgar**	(ell dedoh poolgahr)
toe	**el dedo del pie**	(ell dedoh del pee-eh)
tongue	**la lengua**	(lah lengoo-ah)
tonsils	**las amígdalas**	(lass ameegdahlass)
urine	**la orina**	(lah oreenah)
vein	**la vena**	(lah behnah)
wrist	**la mu eca**	(lah moonyekkah)

Parts of the Body

English	Spanish	Pronounced like this
Description		
right	**derecho/a**	(dehrehchoh/ah)
on the right side	**a la derecha**	(ah lah dehrehchah)
left	**izquierdo/a**	(ithkee-ehrdoh/ah)
on the left side	**a la izquierda**	(ah lah ithkee-ehrdah)
top	**superior**	(soopehree-or)
bottom	**inferior**	(infehree-or)
front	**delante**	(dehlanteh)
at the front	**al frente**	(al frenteh)
back	**detrás**	(dehtrass)
at the back	**en la parte posterior**	(en lah pahrteh postehreeor)
middle	**medio**	(medee-oh)
in the very middle of	**precisamente en el medio**	(preh-thee-sahmenteh en ell medee-o)
above	**encima**	(entheemah)
below	**debajo**	(deh bah-hoh)
under	**por debajo**	(por deh bah-hoh)

Useful Words

English	Spanish	Pronounced like this
accident	**un accidente**	(oon aktheedenteh)
ambulance	**una ambulancia**	(oona amboolantheeah)
anaemic	**anémico**	(anehmeekoh)
appendicitis	**apendicitis**	(apendeetheetiss)
appendix	**el apéndice**	(ell apendeetheh)
aspirin	**la aspirina**	(lah aspeereenah)
asthma	**el asma**	(ell asmah)
backache	**el dolor de espalda**	(ell dollor deh espaldah)
bandage	**un vendaje**	(oon benddah-heh)
bite (dog)	**una mordedura (perro)**	(oona mordeh doorah (pehrroh))
bite (insect)	**una picadura (insecto)**	(oona pikah doorah (insektoh))
bladder	**una ampolla**	(oona ampoll-yah)
blister	**la vejiga**	(lah beh-heegah)
blood	**sangre**	(sangreh)
blood donor	**un donante de sangre**	(oon donanteh deh sangreh)
burn	**una quemadura**	(oona kehmahdoorah)
cancer	**el cáncer**	(ell kanther)
chemist	**la farmacia**	(lah fahrmathee-ah)
chest	**el pecho (tórax)**	(ell pechoh (torax))
chickenpox	**la varicela**	(lah bareethehlah)
cold	**un resfriado**	(oon rezfree-ah doh)
concussion	**una concusión**	(oona kon-koo see-on)
constipation	**el estre imiento**	(ell estrenyee mee-entoh)

20

Useful Words

English	Spanish	Pronounced like this
contact lenses	**lentillas de contacto**	(lenteelyass deh kontaktoh)
corn	**un callo**	(oon kall-yoh)
cough	**la tos**	(lah toss)
cut	**una cortadura**	(oona kortahdoo-ra)
dentist	**el dentista**	(ell dentistah)
diabetes	**la diabetes**	(lah dee-ahbehtess)
diarrhoea	**la diarrea**	(lah dee-ahrreah)
dizzy	**el vértigo**	(ell behrteegoh)
doctor (male)	**el doctor**	(ell doktor)
doctor (female)	**la doctora**	(lah doktorah)
earache	**el dolor de oìdo**	(ell dollor deh oheedoh)
fever	**la fiebre**	(lah fee-ebreh)
filling	**un empaste**	(un empassteh)
first aid	**primeros auxilios**	(preemehross ahooxilleeoss)
flu	**la gripe**	(lah greepeh)
fracture	**una fractura**	(oona fractoorah)
German measles	**la rubéola**	(lah roobehohlah)
glasses	**las gafas**	(lass gaffass)
haemorrhage	**una hemorragia**	(oonah emohrrah-hee-ah)
hayfever	**la fiebre del heno**	(lah fee-ebreh del ehnoh)
headache	**el dolor de cabeza**	(ell dollor deh kabehthah)
heart	**el corazón**	(ell korathon)
heart attack	**un ataque cardìaco**	(oon atakeh kahrdeeakoh)

Useful Words

English	Spanish	Pronounced like this
hospital	**el hospital**	(ell ospeetaal)
ill	**enfermo**	(enfermoh)
indigestion	**una indigestión**	(oona indeehestee-on)
injection	**una inyección**	(oona injekthee-on)
itch	**picazón**	(peekathon)
kidney	**el riñón**	(ell reenyon)
lump	**un bulto**	(oon booltoh)
measles	**el sarampión**	(ell sarampee-on)
migraine	**la jaqueca**	(lah hakuehkah)
mumps	**las paperas**	(lass pappehrass)
nausea	**la náusea**	(lah nahoosehah)
nurse (male)	**el enfermero**	(ell enfehrmehroh)
nurse (female)	**la enfermera**	(lah enfehrmehrah)
operation	**una operación**	(oona opehrathee-on)
optician	**un óptico**	(oon opteekoh)
pain	**un dolor**	(oon dollor)
penicillin	**la penicilina**	(lah peneetheeleenah)
plaster (sticky)	**el esparadrapo**	(ell espahrahdrahpoh)
plaster of Paris	**el yeso blanco**	(ell yessoh blankoh)
pneumonia	**una pulmonía**	(oona poolmonee-ah)
pregnant	**encinta**	(enthintah)
prescription	**una receta**	(oona reh-thettah)
rheumatism	**reumatismo**	(rehoomatizmoh)
scald	**una escaldadura**	(oona eskaldahdoor-ah)

Useful Words

English	Spanish	Pronounced like this
scratch	un rasgu o	(oon razgoon-yoh)
smallpox	la viruela	(lah beeroo-ellah)
sore throat	el dolor de garganta	(ell dollor deh gahrgantah)
splinter	una espina	(oona espeenah)
sprain	una torcedura	(oona torthehdoo-rah)
sting	una picadura	(oona peekahdoo-rah)
stomach	el estómago	(ell estohmahgoh)
temperature	la temperatura	(lah temperatoorah)
tonsils	las amìgdalas	(lass ameegdahlass)
toothache	el dolor de muelas	(ell dollor deh mwellass)
travel sickness	el mareo	(ell marehoh)
ulcer	una úlcera	(oona ooltherrah)
vaccination	una vacuna	(oona bakoonah)
to vomit	vomitar	(bomeetahr)
whooping cough	la tos ferina	(lah toss fehreenah)

At the Pharmacy

English	Spanish	Pronounced like this
This is my usual medicine	**Este es mi medicamento habitual**	Esteh ess mee medeekamentoh abitoo-al
I need this medicine	**Necesito este medicamento**	Nehthehseetoh esteh medeekamentoh
What kind of medicine is this?	**¿Qué clase de medicamento es éste?**	Keh klasseh deh medeekamentoh ess esteh
How many times a day should I take it?	**¿Cuántas veces al dìa hay que tomarlo?**	Kwantass bethez al dee-ah ahee keh tomahrloh
Must I swallow them whole?	**¿Debo tragarlas enteras?**	Dehboh tragahrlass entehrass
Please give me a prescription for/ insulin/needles/ syringes/tablets/ blood glucose testing strips/lancets	**Deseo una receta para insulina/agujas/ jeringas/pastillas/tiras para probar la glucosa de la sangre/lancetas**	Desseh oh oonah reth-eh tah para insooleenah/ agoohass/ hereengass/passtee lyass/teerass para probahr la gloocoh-sah deh lah sangreh/lanth-eh tass

Spanish	English
Tome....pìldoras/comprimidos a la vez	Take....pills/tablets at a time
Con agua	With water
Mastìquelos	Chew them
Una/dos/tres veces al dìa	Once/twice/three times a day
Sólo al acostarse	Only when you go to bed
¿Qué toma usted normalmente?	What do you normally take?
Lo siento, no tenemos eso	I'm sorry we don't have that
Necesita una receta para eso	For that you need a prescription

At the Opticians

English	Spanish	Pronounced like this
I've broken my glasses	**He roto mis gafas**	Eh rohtoh miz gaffass
Can you repair them for me?	**¿Podrìa reparármelas?**	Podreeah rehpahrahrmehlass
When will they be ready?	**¿Cuándo estarán listas?**	Kwandoh estahran listass
Can you change the lenses?	**¿Podrìa cambiar las lentes?**	Podreeah kambee-ahr ass lentez
I want tinted lenses	**Desearìa cristales ahumados**	Dezehahree-ah kristalez ah-oomahdoss
I'd like to have my eyesight checked	**Desearìa graduarme la vista**	Dezehahree-ah gradooahrmeh lah beestah
I want some contact lenses	**Desearìa lentillas de contacto**	Dezehahree-ah lenteelyass deh kontaktoh
I've lost one of my contact lenses	**He perdido una lentilla**	Eh perdeedoh oona lenteel-yah
Could you give me another one?	**¿Podrìa darme otra?**	Podreeah dahrmeh ohtrah
I have hard/soft lenses	**Tengo lentes duras/flexibles**	Tengoh lentez doorass/flexeeblez
Have you any contact lens liquid?	**¿Tiene usted un lìquido para lentillas?**	Tee-eneh oostet oon leekeedoh pahrah lenteelyass
I'd like to buy a pair of sunglasses	**Desearìa comprar un par de gafas de sol**	Dezehahree-ah komprahr oon pahr deh gaffass deh sol
May I look in a mirror?	**¿Puedo mirarme en el espejo?**	Pwedoh mirahrmeh en el espeh-hoh

At the Dentist

English	Spanish	Pronounced like this
Can you recommend a good dentist?	¿Podrìa recomendarme un buen dentista?	Podreeah rehkomendahrmeh oon boo-en dentistah
I've a toothache	Me duelen las muelas	Meh dwellen lass mwellass
I've an abscess	Tengo un abceso	Tengoh oon abthessoh
This tooth hurts	Me duele este diente	Meh dwelleh esteh dee-enteh
This tooth hurts at the top	Este diente me duele en la parte de arriba	Esteh dee-enteh meh dwelleh en lah pahrteh deh arreebah
This tooth hurts at the bottom	Este diente me duele en la parte de abajo	Esteh dee-enteh meh dwelleh en lah pahrte deh abah-hoh
This tooth hurts in the front	Este diente me duele en la parte de delante	Esteh dee-enteh meh dwelleh en lah pahrte deh dehlanteh
This tooth hurts at the back	Este diente me duele en la parte de atrás	Esteh dee-enteh meh dwelleh en lah pahrte deh atrass
Can you fix it temporarily?	¿Podrìa hacer un tratamiento provisional?	Podreeah athehr oon tratamee-entoh probizeeonal
Could you give me an anaesthetic?	¿Podrìa hacer una anestesia local?	Podreeah athehr oona anestehzee-ah lohkal
I don't want it extracted	No desearìa extraerlo	Noh dezeahree-ah extrah-ehrloh
I've lost a filling	He perdido un empaste	Eh pehrdeedoh oon empassteh
The gum is very sore	La encìa está muy dolorida	Lah enthee-ah estah moo-ee dolloreedah
The gum is bleeding	La encìa sangra	Lah enthee-ah sangrah

At the Dentist

English	Spanish	Pronounced like this
Dentures		
I've broken this denture.	**Se me ha roto la dentadura**	Seh meh ah rohtoh lah dentahdoo-rah
Can you repair this denture?	**¿Podría reparar esta dentadura?**	Podreeah repahrahr estah dentahdoo-rah
When will it be ready?	**¿Cuándo estará lista?**	Kwandoh estahrah listah

Paying for Medical Treatment

English	Spanish	Pronounced like this
How much do I owe you?	**¿Cuánto le debo?**	Kwanto le dehboh
Do I pay you now or will you send me your bill?	**¿Quiere que le pague todo ahora o me mandará la cuenta?**	Kee-ehreh keh leh pageh tohdoh ah-orah oh meh mandahrah lah kwentah
Here's my E111 form	**He aquì mi formulario E111**	Eh ahkee mee formoolahreeoh E111

Spanish	English
¿Podrìa pagarme ahora, por favor?	Please pay me now
Le enviaré la cuenta	I'll send you a bill